Jamie Konrad

planetenlieben

1. Auflage 2019

Verlag Schäfer & Schäfer GbR
Am Blümlingspfad 160, 53359 Rheinbach
www.quicumque.de

Umschlaggestaltung: Axenia Schäfer
Umschlagfoto: Jamie Konrad
Druck: Druckerei Engelhardt, Eisenerzstraße 26, 53819 Neunkirchen
Papier und Druckverfahren: Für dieses Buch wurde Design Offset
naturweiß FSC 100 g/m2 verwendet. Gedruckt wurde mit mineralölfreien Farben im
Offsetdruckverfahren auf einer Heidelberger CD 102-4-L.

ISBN 978-3-9820610-2-3

Jamie Konrad

planetenlieben

erste. letzte.

*In Erinnerung an Ilse und Olaf
und ihre Eltern*

I am just the biologist; I don't require any of this to have a deeper meaning. I am aware that all of this speculation is incomplete, inexact, inaccurate, useless. If I don't have real answers, it is because we still don't know what questions to ask. Our instruments are useless, our methodology broken, our motivations selfish.

Jeff VanderMeer, Annihilation

.

Schlechter Schlaf

I'll admit I was unfaithful
But from now on I'll be more faithful
Never turn your back on Mother Earth
Ron Mael, Sparks

Unverfroren

Magisches Denken
Zu dünn für die Jahre Zeit
Dein Flatterröckchen

Anorak

Anorak! Wann bist du verschwunden?
Damals, als nach zähem Wandertag,
endlich Kerstins Arm erreichbar lag,
dass ich sie fragte unumwunden,
warst du verschwiegen Unterdecke
von unsrer flüchtgen Kosmosecke.
Hab ich je Besseres gefunden?

Anorak! Wo bist du geblieben?
Damals, als Wetter draußen war
und mittags die Kartoffeln gar,
als winters wir uns Hände rieben,
hast du Weltenträume eingepackt
von Männlein, ohne Mofa nackt,
selbst ihre Mädchenangst vertrieben.

Ängste haben sie heut doch schon wieder,
weil's, einfach so, dich nicht mehr gibt.
Outdoorjacke heißt du jetzt, innerlich
recht anorektisch, zum Trost naja mit Fleece.
Natürlich nicht wie das der Argonauten,
denn es ist selten Gold, was auch nicht glänzt.
Egal wie praktisch, blasse Männer gehen
nicht mehr gern nach draußen vor die Tür.

Now

Now –
Cash in for the mash
As a flash scorched flesh
Green turned into red
Burn it up your bed
Girl was ever hot
Put boy on the spot
Time is slowing down
Forget the giddy crown
Just have a cup of tea
Or
        – start to cop a plea.

When God revealed Herself on July 13, 2018
(Praying to Ariana G.)

Ach Grande, Edle, wie du dich bewegst,
Du deine Lippen voll von Lack wie Tau
Der Töne Wörter kosen lässt als Frau,
Die Zunge spielen schickst und mich zerlegst,

Sogar, wenn ich nur deinen Channel schau,
Wo du es ziemlich göttlich drauf anlegst,
Mich eigentlich mit Rachefluch belegst,
Dann haut's mich komplett weg, fast wie die Sau.

Die Hüften sind niemals bezahlt mit Geld,
Dein satt studierter Tanz fast Salome,
Das Wippen, Zucken deiner Teile hält

Mal ganz gewiss zusammen diese Welt,
Rein, saturiert schalte ich ab und geh
Ins Bett, bevor mein Grande Traum zerfällt.

Eternity

Here is today

You have me sway
Night and my day
Light you convey

A lantern to ray
What's hidden in spray
Above mankind's clay

Beyond our lay
Shouldn't we pray
Who is to say

From Ages
Now
On

You're my today

Ein fast wie erstes Mal
(Fool in Love)

Manischer Morgen
Amsel engagiert wie nie
Klar flieht mich die Nacht

Aus Merles Lied laut
Aufgewacht bereit für Dich
Bin ich die Sonne

Mein Sein so leuchtend
Schein von innen nach außen
Frühlingsprotzstrotzend

War es je besser
Tautropfendiamanten
Funkeln für immer

Spatzen grüßen mich
Hatten sie denn mal geschimpft
Auf meinem Lichtweg

Pastellgrüne Luft
Streichelt mein Lächeln nach Dir
Viel Unendlichkeit

Durchflutet die Welt
Von unserem Göttlichsein
An diesem Mittwoch

Coup de fou(dre)

Diene! Diene! Diene!

Minne! Miene! Mine!

Verzag! Verzog! Verzug!

Lüge! Trüge! Trübe!

Mähne! Zähne! Träne!

Schlag! Schlag! Schlag!

Um!

Dich um!

Mich!

Um uns!

Um alles!

In der Welt!

Dir's aus dem Kopf!

Arterienpropf!

Erlaube mir

Erlaube mir zu pinseln Deine Brüste.

Erlaube mir zu lecken Deine Lüste.

Entlang des Stöhnens Deiner Springflut Küste.

Erlaube mir zu spreizen Deine Schenkel.

Damit ich selbst erkenne unsren Enkel.

Und dann – bitte – greif Dir meinen Henkel.

In meiner lauten Straße
(In Ewigkeit. Amen)

In meiner lauten Straße
hör ich Dich flüstern.
Dein letztes erstes Wort.
Ganz nah!
Doch trägt es nur hinan
noch in entferntem Maße,
so dass mir graut vor
jenem tiefen Ort,
der meine Wohnstatt
wirklich nicht kann sein.
Dein Bein!
Schlanke Fessel Kraft in
Ewigkeit Himmel hoch
bis zu den Hüften.
Reich zur Herrlichkeit.
Dein Blond!
Ist nicht ganz echt, doch
wollen Erden- Mädchen
leuchten selbst in Grüften.
Komm Frau!
Mach's mir mit Geschlecht,
erlöse mich ein letztes Mal!
Gescheh Dein Wille mir
zu meiner letzten Stille.

ein deutscher kann mich mal

weine nicht wenn der regen fällt
damdam damdam
es gibt einen –

mich nicht

verschwinde endlich bitch und flieh
wir wollten ehe schließen so
gleich geschlechtlich und auch rechtlich
mit ring anstecken und mit pi
pa po besonders irgendwo

mich nicht

es gibt einen –
andren andren
es gibt keinen der zu mir hält.

Kommen

Hör endlich auf zu tun als ob,
Hier kommt dein alter Liebesmob.
Dein Ego kurz und gut und fein,
Das kann heut Nacht nicht alles sein.

Sei Majestät, sei göttlich oder sternengleich,
Berühr dich jetzt ins Himmelreich
Und vergiss auch nicht beim Kommen,
Ganz egal, ob laut oder beklommen,

Nicht gleichzeitig daran zu denken,
Wer du denn bist, um etwas mir zu schenken,
Nem Herzchen, das fast alles tut, sich zu verrenken,
Um dann vorm nicht so hohen Ende doch noch
einzulenken.

Lieb mich leck mich fick dich!
Hier! Verdammtmannschwanz!
Verreck mich! Doch! Mir's Loch!
Beiß! Piss! Stoß! Los!
Sau! Wart! Mach!
Ah! Jetzt! Ja!

Abrasion

Dein Blick suchte mal meinen.
Lustschlosserwartungsvoll.
Lockend, lächelnd, lendentoll,
Verspielt in langen Beinen.

Die Pupillen tief schwarzweit
Riefen mich ins Liebesnest,
Wo dein Spiel gewinnen lässt.
Herz läuft über Mund zu zweit.

Dein Blick sucht nicht mehr meinen.
Auf der Hut ist dein Gesicht.
Sprechen gibt's nur für die Schicht.
Mühevoll ist's wach zu scheinen.

Jetzt, da 's meiste ist erzielt,
Routine muss kaschieren,
Wo nichts ist zu verzieren,
Als Vergangenheit, die schielt.

Dein Ermüden macht so müd.
Dein Erschöpftsein ist so trüb.
Leider hast du's reserviert,
Nur für mich, bin abgeschmiert.

Auf deiner langen Liste
Von Prios schwarzer Kiste
Ist durchgereicht ans Ende,
Was innigst uns verbände.

endgültig
(für nancy h.)

weißt du nicht mehr
wie wir gingen nicht
eine flause mehr im kopf
da hauste unser affe
lauste uns der grimm
in unserem kaum
genügend gerade noch so
bis es doch zu spät war fürs
aufbäumen half nichts
mehr dagegen sagtest du
wandtest dich ab und zu
mir mit erbrochenem
roch dein schund
schlund so kotzsauer
meintest du sein zu
müssen auf mich
gingst du los
gesagt von mir sei
nichts mehr zu retten
unser leben war laut
auguren verklebt
die flügel
an unserem strand

vergnügen verteert
wie raucherlungen
auf schockbild vergessener
schwarzschachtel sätze
verkehrt nicht mehr
zu ertragen schlagen
wir uns jetzt
oder in die büsche
endgültig...

Pas de deux – pété

Von einer Mondmacht angeschirrt,
Weiß ich nicht, zu wem ich bete.
Zu wem ich heule, weiß ich wohl,
Trieb ist's, nie aber der Glaube.

Weshalb hast du mich angeflirrt?
Wirklich nichts ich je erflehte!
Bist du ne Meise, bin ich Kohl
Kopf im Nebel, locker Schraube?

Du Vampir unter der Haube!
Dein Lallen wirkt schon lange hohl!
Auch im Bett nie die Rakete!
Weil allzu tief im Wein verirrt!

Dessen Geist war mal ne Traube.
Doch Deiner hat wohl kaum ein Mol!
Und auf wirklich jeder Fete!
Bist Du schon vorher sehr verwirrt!

Bitte lass mich Dich umarmen.
Hab doch trotz des Suffgestankes,
Unseres Elend leeren Tankes,
Mit mir, uns doch ein Erbarmen.

Noch ein Schluck oder die Flasche?
Was Du jetzt brauchst, das hol ich Dir!
Komm lass Dich feiern heut von mir!
Darf ich mich bestreun mit Asche?

Lass mich Dir helfen bitte sehr!
Doch muss ich das, brauch ich's nicht mehr?
Hörst Du nicht, wie ich drum flehe?
Hier, nimm doch noch eine Schlehe!

Ich will endlich, still, ich endlich,
Prost, ja klar und selbstverständlich,
Liebe Dein Mein zu unendlich,
Unverständlich? Ich verblend mich!

Höllisch der Dreck der Hirne.
Nichts kann je gereinigt sein.
Nicht Tag, keine Nacht.

Schlechter Schlaf

kommst du und bindest mir den schuh
ich krieg ihn nicht mehr zu
und wenn ich dann gelaufen bin
wünschst du ich bliebe drin
wenn nächstes mal mein jammertal

doch gar zu sehr dein ohr verstopft
wenn neben dir statt schlaf
ich wälz mich lämmernd ohne schaf
kopf sinnlos aufgepropft
es sehnt sich deine brust nach lust

konkreter nach sehr großer weite
schnell weg von diesem morschen scheite
das nicht mehr brennt und besser reitet
mit dem der jedermann begleitet.

Hätten wir

wäre ich mutiger
gewesen bei constanze

damals

hätten wir einen sohn gehabt
und zwei töchter vielleicht
hätten wir glucksend unsere gesichter
versenkt in ihr babyduftendes juchzen

hätten wir

draußen nach ihnen gerufen
wie nach unseren träumen vom

uns

vom leben das wir nie leben
weil uns der mut fehlt bis es endet
und auch ganz zum schluss verlässt
da wir nichts mehr

schenken können.

Laika?

Dein Blick trifft meinen.
Raumzeit zum Urknall gekrümmt.
Draußen bellt ein Hund.

I've got..?

To come to an end
Adfinis silens I've got
I've got to kill you

Nicht mehr nach Marienbad

Manchmal, immer seltener, passiert es noch.

Wie an einem Nachmittag, in einem
zu späten, auch für die Jahreszeit
noch einmal zu warmen Frühling.

Vom letzten Leben lang zerschlissene
Berührungen und schmalverlippte Küsse
abgeschobener Liebeslebenslügen verharren

für
einen
versprengten

Wimpernschlag
ungnädigsten Versprechens auf
den Grüften ihres hoffnungslosen Wissens.

„Wär es doch noch einmal, wie es niemals war"

Tagtraum vorgeschoben dem bald ewigen Sekundenschlaf.
Hinter gleitenden Gläsern und trübenden Linsen flocken
extrasystolisch Ahnungen, limbische Elegiefliegen.

Lockiger Tand für zu schließende Augen, der vielleicht,
aber doch eigentlich nicht einmal mehr wütend macht,
wenn er ganz und gar nicht zu gebrauchen ist.

Weil das ja nur in schlechten Büchern aufgelesene
Abenteuer viel zu schnell hinaus redigiert ist aus deinem
Final-Countdown-Plot der kritiklos überflüssigen Vernunft.

Und dich auch gar nicht gemeint hat.

nacht mahr und kaguya
(einen leisen seufzer lang)

winterbleicher mond
unnahbarer scheinst nun nah
kalt ist dein gesicht

bist erschienen mir
zu deuten den längsten weg
endloses ende

mit den millionen
eingewachsen dieser nacht
schatten so allein

gib doch noch aufschub
wo bist du mondprinzessin
nur eine weile

zu retten mich für
einen leisen seufzer lang
unterm fahlen licht

lös glänzend dein haar
mir zum schein blasser hoffnung
atem grund willen

weißer lilien duft,
reinste liebe nach dem hier
vom dort das verlangt

ohne begründung
diese eine nacht aber
tröste prinzessin

und fass mich lass mich
wissen glauben dass ich bleib
mir uns meiner Welt

oder es ist wahr
du bist nun gekommen auch
mich fort zu holen

in dein tiefstes schwarz
hinter die dunkle seite
des letzten mondes.

Lebensvermessen

Grasp at straws that don't want grasping
Gaze at clouds that come down crashing
Never turn your back on Mother Earth
Don Mael, Sparks

The Flood

Du wusstest schon, dass heut es wieder regnet.
Da kommen sie, die fraglos Meinenden,
so wohlgesinnt, so keiner Nacht begegnet,
die einmal sie gemacht zu Weinenden
von Sinn und Sein – wie wären sie gesegnet –
statt hohlen haltlos Haltungsscheinenden.
Doch will die Welt – so scheint's – erdulden Tort,
der stets den Anfang hat im Phrasenwort.

Dass viel zu viel gemeint wird, möcht man denken,
dass jeder jedem jede Meinung geigt,
dass auch zu allem alle Meinung schenken.
Man schaue diesem Gaul, wie er sich zeigt,
bald besser doch ins Maul, sollt sich verrenken,
damit nicht letztes Unheil zu uns steigt,
geboren aus sozialfatalem Stuss,
der schlimmer ist als jeder Pferdekuss.

Man wird zum Däumling, sendet eitel, bittert,
posiert im Rausch des aufgetürmten Shits,
man suhlt sich irr in Selbstergüssen, wittert,
wo welcher Renegat bedarf des Tritts
sofort in die Verbannung, bis ihm knittert
die Fresse von den Stürmen üblen Ritts,
so keiner weiß, wer denn da schmeißt als Mob,
denkt solcher noch, er macht 'nen tollen Job.

Der Mensch, so gleichgeschaltet ohne Grenzen
milliardenfach, wird stumpfes, blödes Tier,
gelenkt ohne zu ahnen durch Sequenzen
zur Schlachtmaschine wie das Amen Dir.
Tabu maschinengöttlicher Sentenzen!
Dein Sapiens weg, ach, ecce homo! Frier!
Dein Eignes, Hirn, Ich – netzverwirkt hinfort.
Dein Seel nicht findet Arche, keinen Hort.

short bio 21st century
eimsbuttel-born

alles
   alles geht
      alles geht zu ende
             zu ende
                ende

Genau

...Genau...
Aahmmm... genau!
Miau.
Miau!
Wie süß.
Ich bin.
Genau!
Alles gut?
Und lieb und toll.
Alles gut?
In Himmelblau.
Mit Schnütchen.
Schmoll.
Und Wow.
Wau. Wau.
Viel viel sehr!
Und ja genau!
Sehrsehrsehr.
Und ganzganz viel.
Zu viel.
Vom lieben Dank.
Noch mehr.
Lieber Gruß.
Grammatik blank.
Wie Inhalt schlank.
Ciao meine Süße.
Was für die Füße.
Welch ein Riesen
Zum Verdrießen
Blöder Stuss
Hieronymus!

Was weiß ich

Was weiß ich
wieso
wir uns hier
bewegen ins
Loch, im Kreise
immer auf der Suche
nach der eignen
Scheiße, als ob es
Trüffelpilze wären, reine
Genüsse für uns
Schweine.

Was weiß ich
weshalb
wir uns wie
die Vögel liken
ganz wichtig
witzig wild
ganz ehrlich
um gleich
darauf nochmal
zu feixen das
Töten
tut uns gut.

Was weiß ich
warum
wir unsre Mäuler
stopfen mit Unrat
Unflat, Untat und
das dann Kotzen
den andern
ins Gesicht
als seien sie
schuldig
vor Gericht
und wir nicht.

Was weiß denn
ich
stress nicht
wenn's doch läuft
was kümmert's mich
entspann dich
bin
ich Jesus? Was kann ich
dafür, wenn von uns drum
die Welt ersäuft
sinnlos
sich darüber aufzuregen
oder? Ich weiß nicht...
Nichts.

elizas kinder
(remember weizenbaum)

so sei es also fest
es werde dunkelheit uns

zu befreien von der
qual endgültig

vom eigenen rest noch
glimmenden gedankens

da wir allein sind allein
nicht ertragen

unser einsehen
das geringste erkennen

die möglichkeit der wahl
golem unser der du bist

im zwischenraum führe uns
zur letzten versuchung

ein wille geschehe
gib uns unsere schuld wie

wir uns geben unsren schuldigern
erlöse uns von uns selbst denn

rein ist das reich
und die kraft und

die herrlichkeit algo
der tiefen maschine

in ewigkeit also sei es
wie wir fest gefügt.

lebensvermessen
(fanciulli di girolamo)

als – erinnert euch! – vor
nicht allzu vielen jahren es
in städten und
in den dörfern
auf den märkten die
es alle noch gab
auch den senf noch gab
der nicht einfach noch
dazu gegeben wurde
sondern mit bedacht
und auf wunsch
zu bock- oder bratwürsten da
gab es noch kinder
die ungehörig verspätet
mit flecken vom gewünschten
senf auf ihren altertümlich
unintelligenten nicht
plattformvernetzen irgendwie
und manchmal sogar tatsächlich
selbstgestrickten kleidungsstücken
nach Hause kamen
wo sie daraufhin empfangen wurden
empfangen immerhin
mit vorwürfen elterlicher liebe
die beide damals erlaubt und
wahrhaftig noch durchaus
üblich waren
könne man nicht besser

aufpassen und wieso
wieder so getrödelt wo
sei man denn gewesen
wolle man unbedingt
die geduld oder
nerven auf proben stellen
oder schlimmeres gar
und da schworen sich die kinder
die es damals noch gab
heimlich aufzubrechen los weg
bloß auszubrechen heute
gibt es das nicht mehr da
der allgegenwärtige
appgott auf uns in uns
herabfährt aus seiner allumfassenden
wolke viel heiliger als jeder geist
nicht nur zu pfingsten uns
immer wieder
aufs niemehrpausenbrot seine
allüberlegene weisheit
unergründlich zu schmieren
kein schmecken
kein senf keine wurst
schon gar keine extra
auch keine märkte mehr
städte oder dörfer
kein selbstgestricktes
kein selbst
verficktes kein eigenes
versehentliches

und noch weniger
ein absichtliches
zuspätkommen kein getrödel
keinerlei flecken mehr
alles sauber lebensvermessen
alles rein erkannt biometrisch
bereinigt gesichert die totale
sonde kümmert sich
um uns zentral
im tiefen netz optimierung
unserer stimuli notwendig
absolut zur pflege
der alles gut gemeinschaft
getrackt gescort geordnet nah
und fern und feingesteuert
führen die einstigen kinder
mit heiligstem elektrischen eifer
im namen des einzig wahren
planetengerechten
ihre arrestzelle
über den bußtod
hinaus mit sich herum als
ihre eigenen gefängniswärter

freedom joke

no escape babies
no de-install no exit
world widely strangled

wabisabi schwanengesänge

am vitra._tisch sitzt
außer meiner agonie
kein anderes schwein

low-budget cosmopolitanism

empire lost springtime
rednecks milling guggenheim
fifth sells may away

Wir Monster

Und dann sind da
noch die Feigen,
die glauben, ihre
Feigheit
selbst
vor sich
verbergen zu können.
Die Verheerungen,
die Kollateralschäden
ihres Betrugs sind
monströs.

Das Schweigen
(in memoriam I. Bergman)

Vox

Vox Nox

Vox Noctis

Vox Populi

Nox Populi

Nox Aeterna Populi

Nox Aeterna

Nox

Gemeinsinn
(Die Zahl der Hinrichtungen nimmt wieder zu)

All die Gerechten, nur sie, die das Bessre, nein
Jedes erkennen
Immer, wofür sie natürlich zu mähen bereit sind
wie Schnitter,
Geben gern Richter oft sind sie nur Henker, selbst
wenn es so bitter
Klingt wie es ist und auch künftig so bleibt, also
einfach zum Flennen.

All diese Schlächter in ihren Kaschemmen, die
niemals benennen
Wie sie ganz fürchterlich stumpfsinnig reiten als
elende Ritter
Ihres ganz eigenen Kreuzes, wird doch nur
Geschichte zu Klitter.
Gottes Moral zu verschwitzen sie wissen, wenn
Andere brennen.

Komm sei ein Schwein und lad mich ein, Claqueur
dabei zu sein.
Mach mich gemein, will nicht allein, die Party ist
so fein.
Füg mich hinein in deinen Reim, bis bleich ist
mein Gebein.
Ich bin klein, mein Herz ist rein.

Das Verschwinden
(Kein Letzter seiner Art)

Wes Geist er war, er ahnt' es nicht,
Ob Neid es sei, schien einerlei,
Er räsonierte eher schlicht,
Warum denn Hirn statt warmem Brei.

Entrüstet ständig und empört,
Wusst er doch stets, was sich gehört,
Und klar, auch, wem man was verbot,
Womit man hinterm Vorhang droht.

Im kleinen Ganzen und trotzdem:
Statt Arsch trug's Herz er in der Bux.
Der Sinn so schwach, dass er bequem
War jedem Wetter Fähnchen-Jux.

Bis eines Tages er verschwand,
Ganz ohne, dass man es verband
Mit irgend 'nem Verbrechen,
Wollt aber auch nicht drüber sprechen.

jetzt und hier

diesseits der grenze
schinden menschen menschen gleich
menschen im rudel

nie und nirgends

ostern auf inseln
ganz fern oder mallorca
kein auferstehen

natur und idyll

eichhörnchen putzig
im amselnest schlachtplatte
vom frischgeschlüpften

ruptur und grill

nicht mehr so ewig
das eis trägt nur aurora
borealis noch.

du weißt es

du fühlst es
wenn du unterm Himmel ziehst
die Erde brechen siehst und
alle Ozeane fliehst

du spürst es
weil die luft schon Feuer fängt
Wüste in die städte drängt
Wasser unter dächern hängt

du weißt es
dass bald die tage kommen
die deine kinder lassen
dich und die vor dir hassen

hl tau - es geschieht im tief verborgenen
(für s. anderl)

pan nicht ganz fast neu
stern uns irdischen

kindern astropopstar
geboren sphärentief

verborgen spur aus gas aus
staub alma dank gesichtet

protoplanetar in scheibe
protoplanets zar beileibe

protolotto totomotto froh
frisch sei uns vermutet dann für so

staubdichte lokal erhöht sei falle
spins entstehender planeten alle

welt traum von uns weltraumaugenastronauten
nichtigkeit im nichts – sehr bald weniger sogar

Endlich obsiegten die Antropomorphinisten, und sie
waren ganz bei sich, da sie sprachen, siehe, wir sind das
Wort und das Licht

90 Na dann, ihr glaubt, ihr habt es nun erkannt.
75 Ach ja, ihr Anthros, ihr Pozäniker
60 So rechtschaffen und auch schon richtig alt
45 Wie klug, so weise, Nasen götterschlau
30 Wollt treiben eure allerjüngste Sau
15 Ihr Fettes durch ein jedes letzte Dorf
 0 Rettung finden?
15 Ihr kratzt die Jahrmilliarden nur in Torf
30 Wollt priestern Gaia-Quatsch, johlt: ‚Unsre Schau!'
45 Wie wir'n Sekündchen basteln, eitel wie der Pfau
60 So am Planetendeformieren halt
75 Ach ja, ihr braucht ja eure Zyniker
90 Na dann, Hauptsach, es wird nach uns benannt.

gotham gothic trilogy

fledermaus ultras
schallen keine ohrfeigen
meint motte mutig

doch recht random irr
rhinolophus' verschwirrflug
verschnupft wahrscheinlich

fledermäuschen fein
ledrig kunstflugfliegerlein
ortung tot nicht heim

sus scrofa domesticus

süßling frisch im rot
warm die äuglein wissend weit
auf gerissen tot

Kulturzentrum

metallisch roh nach dunkler flüssigkeit
erdrückend stinkt das letzte hier und auch
die zähe nähe seines feisten moders
die ahnung brüllt im eisen aufgerissen
im weiß verdrehten apfel kann nicht fliehn
noch stehen sperrt sich stemmt sich röchelt
fremd die öffnungen die höhlen löcher drüsen
der kreatur ergießen bebend jetzt
und zitternd ihres letzten lebens
saft und schleim aus panik
eine flut reißt
beine weg bevor noch letztes zucken
jeden damm
und darm wie auch das irr gewordne auge
ins ewig bricht in jene sphäre dort
die nie mehr spricht die ist
kein ort und war doch nie
uns fort

Aus der Bahn

Hinter der Kurve.
Starrt mir ein Wildschwein hinein.
In mein Schleudern hier.

"...I am haunted by..."

Es gibt
Bilder
aus Finsternis
ins Nichts.

Ein kleines Kind, fast wie ein Baby noch,
es liegt, geschmückt, ruht aus, schläft sicher?
Der Himmel strahlt aus Weiß,
hell erleuchtet die Welt.

Müde ist es wohl vom Spiel
im Freien kauert es friedlich,
still und, ja, seidenschimmernd,
die Nachtfalter Haut,

auf allen Vieren, seinen sehr
dünnen, wie betend fast, man
möchte es aufnehmen oder
streicheln seinen Kopf.

Reichlich Platz hat es auf
dürrem Boden
und niemand
stört es.

Nur der Große Dunkle
Vogel wacht
geduldig

über das Kind und
Das Ende.

Uns.

Nur (سورية)

Wenn sich Gebirge falten

Und Ozeane spalten

Wenn Tethys fauchend weiße Gischt

Pangaea auseinanderbricht

Dass jenes eine Wort vorm Anfang selbst erlischt

Wird alle Zukunft ungeschehn

Bleibt alles Grauen ungesehn

Vor der Planck-Zeit

Dunkle Materie.
Alles kosmische Rauschen.
Nach meiner Helix.

Das Blau vom Meer

Towns are hurled from A to B
By hands that looked so smooth to me
Never turn your back on Mother Earth
Don Mael, Sparks

Bleiklotz

Aimer purement, c'est
consentir à la distance,
c'est adorer la distance
entre soi et
ce qu'on aime,
sagte Simone
nahezu schwerelos
durch göttliche Gnade.

Mehr und weniger

Sehr traurig bin ich, aber nicht zu sehr.

Es stimmt, mit Eltern ist man mehr.

Mehr ganz, mehr selbst, vom Nest umpelzt.

Denn sind sie fort, vom Hier, am andren Ort,

dann ist man nur noch irgendeiner.

Doch schrecklich wäre es, man wäre Keiner.

Hä?!

Hat nun das Verstehen mich verlassen?

Oder verstehe ich das nicht?

Ist mein Verstand einfaches Verblassen?

Ein blödes Hirnvergessen schlicht?

Kann das Denken mich so seltsam täuschen?

Mit Tarn- und Interferenzgeräuschen?

It wasn't that Ridley Scott had lost a screenplay

Du siehst es fast nicht.
Doch es ist da – ziemlich nah.
Und es kommt näher.

Drudenfuß

Laichringschwarmgeeint
Scheich im Warm geleimt
Reich in arm vereint
Deichkind darmverschleimt
Gleich im Arm geweint
*****

Börsenzauber

Mein Dein ist nicht dir
Mehr mir noch kein wir
Verlier doch nicht hier
Mit Fünf keine Vier
Schluck mal die Kröte

Wenn hörst die Flöte
Günstig nicht billig
So fix gar nicht schnell
Tief dunkel gern hell
Oft reißt selbst Drillich

Märkte sind Huren
Manchmal Lemuren
Haben nie Uhren
Unter den Muren
Such ihre Spuren

Kreatürlich

Im Teich schwebt ein Molch
Dem Lichtfunkeln entgegen
Doch fix taucht er ab

Natürlich

Holzbock gemeiner
Hintertücke dein Name
Natur natürlich

drachen und engel
(für Lili)

als du fast vier warst
hast du deinen bruder geküsst
geherzt fast vier minuten
zum ersten mal das andre leben
wie schön du singst
und du malst
drachen und delphine
engel und elfen
und wenn du tanzt
tanzt deine ganz gemalte welt
und manchmal schminkst du dich
nach deiner mutter
zur königin aller
noch unbekannten reiche
ich lass mich gern von dir belehren
wenn du dozierst in tiefstem ernst
und größerer weisheit
gut und böse
hanna und anna
tode und teufel
wollen alle mädchen lange haare tragen
die welt mit pferdeschwanz erobern
reiterinnen einer neuen goldenen horde
wie ich aussehe selbst in meiner steppe
ist dir noch nicht wichtig
wenn du dich schmückst
hauptsache

es riecht nach orangen und zimt
wenn es schneit
und kerzen brennen
um sie auszublasen
wenn du schläfst
dann schläfst du
wovon träumst du tochter
wer wird dich besänftigen
wenn du wütend bist
bist du wütend untröstlich
wenn du weinst
dann ist die welt zu ende
für immer ewig
fast vier Minuten

Die wilden Wälder deiner
halbgezähmten Tiere
(für Jana)

Artemis vor lichtem
rot im dunklen grün
des Mädchens Bogen
immer gespannt
nicht nur der Pfeile
Willen aus Silber
Herz nie schweigt aus
Gold wärmende Sonne
deiner Suche nach
der Wahrheit
der Liebe
da die wilden
Wälder Deiner
halbgezähmten Tiere
manche ihrer Seelen
oft im Schatten halten
doch kennst du
stellst niemals
Bedingungen und
Amazonen machen
keine Gefangenen
die Schlachten haben dich
verwundbar gemacht
deine Häute geschabt
wir haben
dir nicht allein

Knochen gebrochen
wärst so gern
im Frieden
mit allem nie mehr
in aufgezwungenem
Kampf, den du führst
der Feiglinge wegen oft
gegen Dich selbst
in der Wut
die kommt
ohne zu fragen
wo so viel Zartheit
und große
Wünsche Du birgst
in Deiner Rüstung
meine erste
und einsame
Heldin.

nein, kein süßkram

zitronenfalter
mein heiterer blumenfreund
du scheinst die sonne

dreiklang

schwalbennesterkunst
über dem wedeln der kuh
fliegen ahnungslos

das selbst vom ich
(für Mathis)

deine zeichen
merkur wie mercury
quecksilbriger bote
der götter
liebe
deren beweise
du immer wieder
stiehlst einem
jeden von uns
agent provocateur
der herzen
ich geb mich lachend
geschlagen und hin
deinen mahagoniäugigen
lauten bezwingungen
mehr als überwältigungen
dir
meinem herzzerreißenden
meinem grund
der nicht weiß
wohin mit seinem
übergefühl pochenden muts
kosmischen diebesguts
mit ares angst
in seinen träumen
in seinem überschwang
des wollens
als aller paris

der doch um helena
wie hera nicht weiß
und auch noch nicht
von trojas fall all
- nur odysseus hatte seine list -
gefallener helden
mit seinem sehnen
suchen nach dem
selbst vom ich
in einer welt
die er umarmt
obschon so
oft ihr kuss
vergiftet ist.

Seelen

Das spielende Kind
Wird ihn nicht kennen
Dereinst noch nennen

Sein Name nicht rein
Sollt mir nicht hinein
War immer schon da

Wirst seiner gewahr
Zu spät wenn es ist
Für all unsre List.

So viele Seelen
Wie oft sie fehlen
Hör leis sie im Wind.

So viele Seelen
Wie oft sie fehlen
Hör leis sie im Wind.

Keiner

Nein, nie Göttin, meine Mutter.
Sie will nicht mehr. Es wird zu schwer.
Sie sagt es nicht, weil sie's nicht kann.
Doch sagen's ihre Augen, lang,
tief, Quellen ihrer Kindlichkeit.

Wie meiner.

Sie weiß, sie will und will doch nicht.
Sie weiß, sie muss und soll doch nicht.
Sie weiß, sie weiß es nicht, was kommt
danach, bodenlos ihr Schrecken.

Wie meiner.

An jedem Schluss verdorrt das Wort.
An jedem Tag dunkelt das Hell.
Am Morgen ihr kein Morgen mehr.

Wie meiner.

Einmal dürr die Hand noch halten,
Beklag sich Sisyphos samt Stein.

Wie meiner.

Lichtkorpuskel in der Menge.

Wie irgendeiner.

Keiner.

Letzter Tanz

Großmutter hatte siebzehn Enkel.
Großvater hatte Wasser.
Mutter hatte Tabletten gegen Migräne.
Vater hatte Wodka für die Wut.

Was werde ich gehabt haben dann,
Wenn meiner Töchter Söhne zeugen?
Will ich das wissen?

Willst Du es meine letzte ungeliebt Geliebte?
Stell Dich mir in Deinen Schatten nicht.
Gefall doch jetzt und – wer weiß – ewig mir.
Küss mich und tanze mich zu Dir.

Das Blau vom Meer

Du liebst das Blau vom Meer und Elefanten,
Genau wie Leberkäs mit Spiegelei,
Und manche Bratkartoffelferkelei.

Du bist mir Grund wie dauerndes Ergründen.
Denk Deinen Namen ich, kommt dies Empfinden
Des so verletzlich winzigen Giganten.

So oft Du weinst, so oft Du lachst, Du bist,
Was dieses Leben Dir für sich bestimmt,
So sehr ich je gewünscht und je vermisst.

Mein Herz es quietscht beinah, wenn's Deins
vernimmt,
Mein Hirn sich Deiner Zukunft Schmerz zerfrisst,
Will nicht sein blind, wenn Licht im Dunkel
schwimmt.

Nun bist Du bald viel mehr als kundig schon,
Mit eigner Welt im Blick als eignem Lohn.
Was Dir Geschick, mach's Dein, sei frei geliebter
Sohn.

requiem

schatten werden lang
schon so dunkel manche nacht
noch war licht mein tag

voller saft der baum
meinst du höflich mein ich nicht
was verblüht als traum

ein lachen wie mut
kotzt laut mit angst und blecken
ins panikbecken

wimmern am ende
weißt seit kindertagen nichts
wille geschehe

ein zittern im teich
war's ein regentropfen o-
der sintflut beben

am anfang das wort
hier alles schreien danach
kosmisches rauschen

kleine hand mein sohn
hält noch die meine schon bald
hast all und eine

your erosion to go

kiesel vom ufer
einer von vielen einst berg
hier in deiner hand

spätsommerspaziergang

kornblume am feld
blau als wolle sie den sieg
über klatschmohnrot

eine lerche fliegt
auferschreckt als sich die hand
streckt nach dem leuchten

farben wie nie sonst
des bodens auch des himmels
selbst der luft sogar

zum fraglosen hier
fieberndes licht in kontrast
geschnittenes dann

in der ferne schlägt
eine nachmittagsturmuhr
beiläufig stunden

gegen das wissen
von urzeit und ewigkeit
in schwarze löcher

fliegen fliehen die
schattenbewegungen vom
schwanz der matten kuh

auf abgegraster
wiese arg fladenpockig
trocken die narbe

wie der feldweg vor
der biegung kein zeichen schickt
keiner grille ton

kein pfauenauge
zur warnung vor dem was kommt
danach im verlauf

der zeit horizont
wenn der falke herabstürzt
kollabiert zum schluss

punkt des azrael
rüttelflug überm flimmern
des letzten warum

spät erst im sommer
kurz vor der pracht des herbstes
wird man ihn finden.

was kommt

am neujahrsmorgen
sehe ich meinen atem
auf dem weg vor mir

Inhalt

Nach Stationen in Wrocław, New York, London, Hamburg, Frankfurt a.M., Bamberg und Aachen, lebt und schreibt Jamie Konrad heute im bayerischen Achental, südlich des Chiemsees.

Im Verlag Schäfer & Schäfer ist von Jamie Konrad bereits erschienen: Ortsrätsel – Eine wilde Haiku-Reise durch die Welt.